Bygg ditt ekonomiska

en 12-veckors resa mot förändring

STELLA NORD

 Innehållet bygger på personliga erfarenheter och skall inte betraktas som finansiell rådgivning.

Förlag: BoD · Books on Demand, Östermalmstorg 1,
114 42 Stockholm, Sverige, bod@bod.se
Tryck: Libri Plureos GmbH, Friedensallee 273,
22763 Hamburg, Tyskland
ISBN: 978-91-8097-141-6

FÖRORD

Det är ingen slump att du sitter här med den här boken. Kanske har du längtat efter en förändring, kanske har du nyligen börjat tänka mer på din ekonomi – eller så är du bara nyfiken på hur man egentligen bygger ett ekonomiskt självförtroende. Oavsett hur du hamnat här så vill jag säga: Välkommen.

Jag heter Stella Nord, och bakom Instagramkontot @pengaprinsessan pratar jag om pengar, vardagsliv och självkänsla – med vanliga människor och föräldrar, mitt i verkligheten.

Jag har sett att det inte handlar om att kunna allt, eller göra rätt hela tiden. Det handlar om att våga börja, och att ge sig själv chansen att växa i sin egen takt.

Den här boken är inte skriven för experter. Den är för dig som vill få bättre koll, känna dig tryggare och starkare i vardagsekonomin – och kanske till och med börja tycka att ekonomi är lite roligt.

Här finns inga pekpinnar. Bara en varm röst som tror på dig, och som vill gå bredvid dig en bit.

Det här är början på något viktigt.

/Stella

INTRODUKTION

Du håller i en bok som är både en inspirationskälla och ett konkret verktyg. Här möts tankar, övningar och fakta – i en varm ton som vill hjälpa dig bygga något långsiktigt och hållbart.

Boken är uppdelad i två delar:

- Del 1: Tio kapitel som ger dig insikt, pepp, kunskap och igenkänning. Varje kapitel innehåller ett tema, ett coachande perspektiv och ibland också en faktaruta med källor och kunskap.

- Del 2: Ett reflektions- och övningsmaterial som hjälper dig att ta kloka steg framåt.

I del två hittar du:

- Tio kraftfulla reflektionsfrågor
- En 12-veckorsguide där du varje vecka får en uppgift, en tanke eller ett fokusområde

Du behöver inte läsa allt i ett svep. Ta det i din egen takt. Hoppa tillbaka. Skriv i marginalen. Använd boken så som den passar just dig.

Och glöm inte – varje liten insikt eller handling är värd att fira.

hello
you!

KAPITEL 1

EKONOMI ÄR KÄNSLOR

Pengar är mycket mer än siffror på ett konto. De bär på våra drömmar, rädslor, minnen, längtan – och våra möjligheter. Vi fattar sällan ekonomiska beslut enbart utifrån logik.

Vi styrs av trötthet. Stress. Jämförelse. Skam. Hopp. Kärlek. Du har säkert varit där. Du kanske har köpt något för att muntra upp dig. Skjutit upp att öppna en räkning, för att det känts som för mycket. Undvikit att titta på kontot, för att det ändå kändes hopplöst. Vet du vad?

Det betyder inte att du är dålig med pengar. Det betyder att du är mänsklig. Och det är just där vi börjar.

Känslor är inte i vägen för ekonomin – de är en del av den

Att få koll på sin ekonomi handlar inte bara om kalkylblad och budgetar.

Det är ett sätt att ta hand om sig själv.
Att visa omtanke om sitt framtida jag.
Att säga: "Jag förtjänar trygghet.
Jag förtjänar frihet.
Jag förtjänar att känna lugn när jag tänker på pengar."

Men för att kunna göra det behöver du bygga något som inte syns på banken:

Självförtroende

Ekonomiskt självförtroende är inte att ha koll på allt. Det är inte att alltid göra "rätt". Det är den där känslan av: "Jag kanske inte vet än – men jag tror att jag kan lära mig."

Det är att våga öppna breven.
Att våga ställa frågor.
Att våga säga:
"Jag vill förstå" – istället för att låtsas att du redan gör det.

Coachens ord:

När någon börjar tro på sin förmåga –
börjar de ta plats i sitt eget ekonomiska liv.

Det är inte kunskapen som kommer först.

Det är modet att börja.
Och det är exakt det vi gör här.

FAKTA

- Över 70 % av våra ekonomiska beslut styrs av känslor, inte logik.
- Stress och oro kan leda till impulsiva köp eller att man skjuter upp viktiga beslut.
- Att vara medveten om sina känslor är första steget för att få bättre kontroll över sin ekonomi.

Källor: Harvard Business Review, 2017
Kahneman D. Thinking, Fast and Slow, 2011
American Psychological Association, 2016

“

EVERY BIG CHANGE BEGINS WITH A
SINGLE SMALL STEP
TAKEN WITH INTENTION, NOT
PERFECTION.

”

KAPITEL 2

BÖRJA DÄR DU STÅR

Det är lätt att känna att man borde ha bättre koll innan man tar tag i sin ekonomi. Att man borde ha ett Excelark redo, förstå pensionssystemet, ha satt ett exakt sparmål – helst igår. Men det är en fälla.

För den där känslan av att man först måste ha “ordning” innan man kan börja, gör att vi aldrig riktigt kommer igång. I verkligheten börjar nästan ingen med koll. De flesta börjar med ett kaosigt konto, några betalningspåminnelser eller en vag oro i magen.

Och vet du vad? Det är en fullständigt giltig startpunkt. Det psykologiska skiftet som sker när du börjar agera – även med något litet – är kraftfullt. Det händer något när du sätter bollen i rullning.

Det händer något när du sätter bollen i rullning. Du känner dig inte längre helt passiv eller hjälplös. Du går från att reagera till att påverka. Och det ögonblicket, det är början på förändring.

Att acceptera sin startpunkt handlar inte om att nöja sig – det handlar om att sluta förneka, och börja agera. Att säga:

"Det här är min verklighet – och jag väljer att göra något med den."

Det är inte ett misslyckande att börja med 100 kronor. Det är inte "för lite" att föra över 25 kronor till ett sparkonto.

Det är ett medvetet val. Ett steg i din riktning. Ett bevis på att du tar ansvar – på riktigt.

För varje liten handling bygger du något som inte syns direkt på kontot, men som märks i dig:

Ekonomiskt självförtroende.

Det är inte att kunna allt.
Det är inte att alltid göra rätt.

Det är att tänka:
"Jag vet inte allt – men jag är inte rädd för att börja."

Så andas in. Titta på där du står – utan skuld, utan jämförelse, utan dom.
Det är här du börjar. Och det räcker.

Coachens ord:
"Att börja där du är betyder inte att du ger upp på framtiden – det betyder att du respekterar den. Det psykologiska skiftet som sker när du går från tanke till handling är mer kraftfullt än du tror. Kom igång. Resten växer längs vägen."

FAKTA

- Enligt forskning upplever många ökad kontroll och minskad stress redan efter första aktiva steget mot ekonomisk förändring.
- Automatiserade mikroöverföringar (t.ex. 20 kr i veckan) kan ge ett sparande på över 1 000 kr per år – utan större uppoffringar.
- Att acceptera sitt nuläge, i stället för att kämpa emot det, ökar vår motivation att agera och förändra våra vanor.

Källor: Swedbank Sparbarometer, 2023
APA, "Small Steps, Big Gains" , 2022
Finansinspektionen – Konsumentrapport, 2023

the path
begin

KAPITEL 3

MIN EKONOMISKA RYGGSÄCK

Vi bär alla på en ekonomisk ryggsäck. Den är osynlig – men tung nog att påverka varje val vi gör. Vissa har packat med sig trygghet, stabilitet och goda förebilder. Andra har lagt ner skuld, brist, kaos eller frånvarande vuxna. För de flesta är det en blandning. Det viktiga är inte vad som ligger i den – utan att du blir medveten om vad du bär på.

När vi börjar prata om pengar i vuxen ålder, gör vi det ofta som om vi startar från noll. Men det gör vi inte. Vi börjar där vi är – och där vi är har formats av var vi har varit.

Hur pratade man om pengar hemma när du växte upp? Fick du veckopeng? Fick du höra att pengar var något enkelt, svårt, hett eller farligt? Fick du ansvar? Eller skyddades du från alla pengar tills du plötsligt skulle hantera allt själv?

Vår bakgrund påverkar hur vi sparar, spenderar, skjuter upp eller undviker ekonomi. Det påverkar vad vi skäms för, vad vi tror är möjligt och vad vi tycker att vi "borde" kunna. Jag vet – för jag har burit på en sån ryggsäck själv.

Från osäkerhet till ekonomiskt självförtroende

Jag minns tydligt hur min pappa, redan när jag var sju år gammal, började lära mig om pengars värde. Vi spelade Monopol och Finans – inte bara för att det var roligt, utan för att det var hans sätt att lära mig. Där, bland spelpjäser och sedlar, planterades frön som skulle växa till något mycket större. Han sa saker som: "Vill man ha något måste man spara", "det gäller att få valuta för pengarna", och "om man vill bli bra på något måste man öva".

Men livet förändrades.
När mina föräldrar skilde sig och pappa flyttade, försvann den struktur jag varit van vid.

Jag började jobba tidigt, men ekonomin hemma var otydlig. Jag visste inte hur man gjorde en budget – men jag visste att pengar kunde ta slut. När jag var 17 blev mamma sjuk i cancer. Allt ställdes på ända. Jag fick ta ansvar för hushållet, betala räkningar, handla mat. Ekonomin var skör – men jag började förstå varför det var så viktigt att ha koll. Jag lovade mig själv att när jag blev vuxen, skulle jag aldrig behöva känna den oron igen.

Mamma dog året därpå. Sorgen var bottenlös – och samtidigt fick jag ett försäkringsbelopp. Jag trodde det skulle räcka länge. Men sorgen blandades med tröstshopping och en längtan efter upplevelser.

Jag åkte utomlands, levde studentliv, betalade räkningar. Pengarna räckte – tills de inte gjorde det. Jag tog examen från Chalmers med studieskulder, började jobba och för första gången i mitt liv bestämde jag mig för att ta kontroll på riktigt.

Budgetar, pensionssparande, gemensam ekonomi med min dåvarande sambo. Vi köpte lägenhet – en milstolpe. Men relationen höll inte. Jag löste ut honom, renoverade vidare själv och sålde så småningom bostaden med rekordvinst. Det blev en ny start.

Jag blev sambo igen, bonusmamma, gravid, gift. Och någonstans där började mitt ekonomiska intresse blomma på riktigt. Jag insåg att ekonomi inte handlar om att "bli rik" – utan om att skapa trygghet, frihet och lugn.

Jag byggde en buffert. Lärde mig om fonder. Experimenterade med aktier med alltför hög risk. Hittade balansen mellan risk och trygghet. Det tog tid. Det krävdes tålamod. Men det gick.

Och jag lovar dig – det går för dig också.

Coachens ord:

Din historia påverkar inte bara vem du är – den påverkar hur du tänker kring pengar. Det är ingen slump att vissa av oss sparar varje krona medan andra bränner allt så snart det kommer in.

Det är ofta ett eko från vår barndom, våra erfarenheter, våra rädslor. Men det fina är: Du är inte dömd att leva med gamla mönster för alltid.

Genom att se din ryggsäck, kan du börja packa om den. Du kan behålla det som hjälper dig – och släppa det som håller dig tillbaka.

FAKTA

- Vår syn på pengar formas tidigt – Redan i förskoleåldern börjar barn utveckla uppfattningar om pengar genom att iaktta hur vuxna pratar och agerar kring ekonomi.
- Föräldrar är viktigaste förebilderna – Barns ekonomiska vanor och attityder påverkas mer av föräldrarnas agerande än av skolundervisning.
- Psykologisk trygghet påverkar ekonomiskt beteende – Människor med hög tillit till sin egen förmåga att hantera ekonomiska utmaningar tar oftare kloka beslut och upplever mindre ekonomisk stress.

Källor: Webley & Nyhus, The development of children's economic behaviour, 2006
OECD, Students' Financial Literacy: PISA Results, 2015
Lusardi & Mitchell, The Economic Importance of Financial Literacy, 2014

“CONFIDENCE COMES NOT FROM ALWAYS BEING RIGHT BUT FROM NOT FEARING TO BE WRONG.

— PETER T. MCINTYRE”

KAPITEL 4

MÅNGA BÄCKAR SMÅ

Shopping som tröst? Been there, done that. Att bygga en smart ekonomi handlar inte om att förbjuda sig själv från allt som är roligt. Det handlar om att välja medvetet – att förstå varför vi spenderar, vad som faktiskt ger glädje, och vad som bara är en snabb fix för en känsla vi kanske inte ens har satt ord på.

Jag har varit precis där. När sorg, stress eller tristess knackat på har shopping känts som ett snabbt sätt att må bättre. En ny tröja, ett hemmaspa-kit, något fint till barnen. Det är inte farligt i sig – men om det blir ett mönster där varje känsla ska lösas med ett köp, då försvinner inte bara pengarna.

Då släcker vi våra behov med kortsiktiga lösningar som lämnar oss tommare än innan.

Ibland säger man att det inte är de stora utgifterna som fäller en – utan de små som smyger sig på. En kaffe här, ett impulsköp där, en prenumeration vi glömde säga upp. Små summor, men över tid blir det mycket.

Men vet du vad som också fungerar tvärtom? Små summor in, gång på gång, kan bli något stort.

En hundralapp i månaden till bufferten. Ett litet barnspar. En sparad tia istället för att köpa något vi inte behöver. Många bäckar små – på riktigt.

Här är tre bra frågor att ställa dig själv inför varje köp:

- Har jag något liknande hemma?
- Klarar jag mig utan?
- Hur ofta kommer jag använda detta?
- Kommer det föra mig närmare mina mål?
- Har jag råd eller känns det bara så just nu?

Svaren är inte till för att skuldbelägga. De är där för att ge dig makten tillbaka. För du har rätt att fatta beslut som stöttar din framtid – inte bara din impuls.

Det handlar inte om snålhet. Det handlar om att använda dina pengar så att de får det liv du vill leva att växa.

Mina egna små bäckar

När jag började bygga upp mitt ekonomiska självförtroende igen, så var det just de små förändringarna som gjorde störst skillnad. Jag tog en promenad istället för att impulsshoppa.

Jag gjorde matlådor istället för att "unna mig" lunch ute varje dag. Jag sålde några gamla barnkläder på nätet och satte in pengarna på sparkontot. Små, små saker – som visade mig att jag hade kontroll.

Och kontroll ger självförtroende. Varje gång du tar ett beslut i linje med din framtid, stärker du ditt ekonomiska självförtroende – oavsett hur litet det verkar vara just då.

Coachens ord:

Små val blir stora resultat.

Du behöver inte vända upp och ner på hela ditt liv över en natt. Det räcker med att börja i det lilla. Att säga nej till en onödig prenumeration. Att säga ja till ett automatiskt sparande på 50 kr i veckan. Att pausa innan nästa spontanköp.

Tänk inte att du ska vara perfekt – tänk att du ska vara nyfiken. Utforska dina mönster. Se vad du kan ändra utan att det gör ont. Och fira varje gång du gör ett medvetet val. Det är inte "för lite för att räknas".

Det är just så här man bygger trygghet.

FAKTA

- Känslomässig konsumtion är vanligt – Forskning visar att vi ofta handlar för att reglera känslor, särskilt negativa sådana. Det kallas emotionell konsumtion och är vanligare vid stress, nedstämdhet och oro.

- Små summor blir stora över tid – Att spara bara 20 kr per dag motsvarar 600 kr per månad, eller 7 300 kr per år – utan att du gjort en stor uppoffring.

- Vanor slår vilja – Det är lättare att förändra sitt ekonomiska beteende genom små, upprepade vanor än genom stora beslut som kräver viljestyrka varje gång.

Källor: Rick et al, The role of affect in consumer decision making, 2008
Konsumentverket, 2023
Duhigg, The Power of Habit, 2023

KAPITEL 5

NÄR LIVET KRASCHAR

Att bygga ekonomiskt självförtroende även i motvind. Livet följer sällan en rak linje. Det går upp och ner, svänger oväntat, och ibland blåser det omkull oss helt. Sorg, sjukdom, separationer, arbetslöshet, utmattning – listan på livshändelser som påverkar både självkänsla och ekonomi är lång. Och även om ingen önskar sig de där prövningarna, så drabbar de nästan alla någon gång.

Då är det lätt att känna att allt rasar. Det är lätt att bli arg, besviken eller rädd – särskilt när ekonomin påverkas. När inkomster försvinner, oväntade utgifter dyker upp, eller du plötsligt står ensam med hela ansvaret för barn, hem och framtid.

Men det är just här, i de svåra stunderna, som det ekonomiska självförtroendet behövs som mest.

Inte för att du ska vara perfekt. Inte för att du ska "klara allt själv". Utan för att du ska känna att du har rätt att ta små, mänskliga steg framåt – även mitt i stormen.

Du är inte ensam – och du är inte misslyckad. Det finns ett giftigt budskap i samhället som viskar att "om du bara sköter dig så ska det gå bra". Det stämmer inte. Livet händer. Och när det gör det, påverkar det ekonomin. Punkt. Att tillfälligt inte kunna spara, att hamna i skuld, att behöva pausa investeringar – det är inte ett tecken på att du är dålig med pengar. Det är ett tecken på att du går igenom något.

Du har rätt att prioritera det viktigaste: trygghet, hälsa, barnens behov, återhämtning. Ekonomisk utveckling handlar inte om att alltid gå uppåt – det handlar om att kunna stå kvar, andas och komma tillbaka, när det behövs.

Res dig – långsamt och snällt. När du är redo, kan du börja återerövra kontrollen igen. Inte med stora svep – utan med små signaler till dig själv att du är viktig.

Det kan vara att öppna en räkning du undvikit. Säga nej till ett utgiftstryck. Be om hjälp. Göra en enkel budget för kommande vecka.

Dessa steg, hur små de än verkar, visar dig att du fortfarande kan påverka. Att du inte har förlorat din kraft. De bygger inte bara din ekonomi – de bygger ditt mod.

Coachen säger:
Ge dig själv den mildhet du skulle ge din bästa vän.
Ditt värde sitter inte i hur mycket du sparar eller tjänar – det sitter i hur du hanterar livet, även när det gör ont.

FAKTA

- Varannan svensk har haft svårt att betala sina räkningar någon gång under sitt liv. Ofta handlar det inte om dålig planering, utan om stora förändringar i livssituationen – som sjukdom, separation eller arbetslöshet.

- Separationer är en av de vanligaste orsakerna till ekonomiska bakslag – särskilt för kvinnor med barn. Enligt SCB får kvinnor ofta en sämre ekonomisk situation efter skilsmässa, medan mäns ekonomi påverkas mindre.

- Forskning visar tydligt att oro över pengar kan öka risken för psykisk ohälsa, sömnsvårigheter och depression – särskilt hos ensamstående och låginkomsttagare.

Källor: Kronofogden, 2023
SCB, "Ekonomisk standard efter separation", 2021
Folkhälsomyndigheten, 2022

“BUILDING YOURSELF TAKES TIME.
KEEP GOING!
YOU'RE WORTH THE EFFORT.”

KAPITEL 6

EKONOMI ÄR INTE EN TÄVLING

Pengar är inte poäng – trygghet är olika för alla.

Det är lätt att jämföra sig med andra – särskilt i en värld där framgång serveras som ett Instagramflöde. Vi matas med bilder på lyxiga resor, nyrenoverade kök, barn med dyra märkeskläder och födelsedagskalas med ballongbågar, chokladfontäner och hyrda enhörningar.

Allt paketerat i perfekt ljus, med ännu mer perfekta captions.

Och det är mänskligt att börja undra:
"Hur har de råd med det där?"
"Varför känns min ekonomi så tajt när deras verkar så fri?"
"Borde jag också...?"

Men din ekonomi är inte deras ekonomi. Och deras val speglar inte alltid deras verklighet – bara det de väljer att visa upp. Många av de där bilderna är köpta på kredit. Ibland bokstavligen.

Vi lever i en tid där FOMO (fear of missing out) och YOLO (you only live once) driver konsumtionen mer än behoven. Det kan kännas som att man "förlorar" om man inte hakar på resan, renoveringen eller det perfekta födelsedagskalaset.

Men sanningen är att många lever utöver sina tillgångar. Fler än någonsin tar lån för att kunna åka på semester. Fler än någonsin köper lycka i form av upplevelser – som betalas långt efter att solbrännan försvunnit.

Det är inte fel att unna sig. Det är fel att tro att man måste det – för att hänga med.

Din ekonomi är din egen resa. Ditt liv. Dina värderingar. Ditt tempo.

Det viktiga är inte hur snabbt du når dina mål – utan att du rör dig i rätt riktning, medvetet och med respekt för dig själv.

Att du bygger trygghet som passar dig, inte någon annans bild av hur livet "borde" se ut.

För mig är det tryggt att veta att jag:

- kan hantera en oförutsedd utgift utan att få panik
- har ett sparande för framtiden
- inte har för hög belåning på mitt boende
- har råd att sätta guldkant på vardagen, exempelvis ett spabesök med en vän, en glass i solen, en dagsutflykt med barnen

Din trygghet kan se helt annorlunda ut. Och det är okej.

För någon är det att ha 300 000 kronor i buffert. För någon annan är det att veta att barnen har mat varje dag. Båda är lika viktiga. Båda räknas.

Ekonomi är inte en tävling. Du får inte fler livspoäng för en dyrare soffa, ett större hus eller ett semesteralbum fullt av bilder från exotiska platser.

Du vinner inget pris för att spara mest.
Du får inte diplom för att spendera minst.
Ekonomi är inte en tävling – det är en verktygslåda för att bygga det liv du vill leva.

Ett sätt att skapa balans, valmöjligheter och inre trygghet. Det handlar inte om att vinna, utan om att leva mer i linje med vad du faktiskt behöver, värdesätter och mår bra av.

Och när du släpper behovet att jämföra dig med andra, frigör du kraft att fokusera på det som faktiskt spelar roll.

Det som spelar roll på riktigt är:
✨ Din trygghet
✨ Dina mål
✨ Din vardag

För i slutändan är det inte vem som har mest – utan vem som har det som verkligen betyder något.

Coachens ord:
Trygghet är personlig – och frihet börjar med att sluta tävla.

När du känner FOMO, fråga dig själv: Saknar jag det här – eller är det bara en känsla av att jag borde göra det?

Och när du hör rösten i huvudet säga "YOLO – man lever bara en gång!", svara med en ny tanke: Just därför vill jag leva klokt. Jag vill ha råd att leva bra – även nästa år.

Du kan inte styra hur andra lever eller vad de visar upp. Men du kan välja att stå trygg i dina egna värderingar.

FAKTA

- Jämförelse påverkar våra köpbeslut. Sociala medier ökar risken för konsumtion baserat på jämförelse. Studier visar att användare ofta känner ekonomisk otillräcklighet efter att ha scrollat flöden med andras lyxkonsumtion.

- YOLO kan bli dyrt. Begreppet "YOLO" har i många fall blivit en ursäkt för överkonsumtion – och är kopplat till ökad kreditkortsskuldsättning hos unga vuxna.

- FOMO leder till sämre finansiella beslut. FOMO triggar impulsiva köp och ökar risken för att fatta ekonomiska beslut som inte ligger i linje med långsiktiga mål.

Källor: PWC Consumer Insights Survey, 2023
American Economic Review, 2022
Journal of Consumer Research, 2020

“TRUE WEALTH IS PEACE OF MIND, NOT A SCOREBOARD.”

KAPITEL 7

VAD BETYDER “ATT HA RÅD”

Pengar är inte bara till för att spara. De är inte bara till för att trygga framtiden, betala räkningar eller undvika skuld.

Pengar är ett verktyg. Och verktyg är till för att användas.

Men för att använda dina pengar på ett sätt som verkligen stödjer ditt liv, behöver du förstå vad “att ha råd” egentligen betyder – för dig.
För vissa betyder det att kunna köpa det man vill, när man vill. För andra handlar det om att aldrig behöva låna. För någon kanske det är att kunna vara ledig länge med sitt barn. För en annan: att slippa oroa sig för om bilen går sönder.

Att ha råd är inte ett fast belopp eller en exakt formel. Det är en känsla. Ett värde. En prioritering. Och den känslan blir tydligare när du ställer dig rätt frågor.

Vad betyder "att ha råd" för dig?

Ta en stund och fundera på följande:

- Vad vill jag att mina pengar ska möjliggöra? – Är det frihet, trygghet, tid, äventyr, generositet, skönhet, lugn?
- Vad vill jag kunna säga "ja" till – utan stress? – Är det barnens aktiviteter, en sommarresa, en kurs för min egen utveckling?
- Vad vill jag slippa känna ekonomisk ångest över? – Är det tandläkarkostnader, elräkningar, skulder, framtiden som pensionär?
- Om jag tänker fem år framåt – hur vill jag känna inför min ekonomi då?

Svaren på de här frågorna är grunden i din personliga definition av att ha råd.

Det är när du vågar ta reda på vad du faktiskt vill använda dina pengar till – och vad du vill slippa – som du kan börja forma en ekonomi som fungerar för dig.

Tänk påbörjandet av dessa meningar och fyll i dem med det som känns sant för dig:

- Jag har råd när jag känner att...
- Jag vill kunna prioritera...
- Jag vill slippa oroa mig för...
- För mig är trygghet att...
- Jag säger ja till...
- Jag säger nej till...

Det här är inte bara en tankeövning – det är en värderingsövning. När du vet vad som är viktigt för dig, blir det mycket lättare att säga ja och nej till rätt saker.

Att ha råd handlar inte bara om pengar på kontot, utan om att leva i linje med det du värdesätter.

Vill du ha råd – på riktigt?
Börja med att definiera vad det betyder för dig. Där börjar all verklig förändring.

Coachens ord:
För många betyder "att ha råd" att man ska kunna köpa mer. Men för dig kanske det handlar om att slippa känna stress, skuld eller otillräcklighet.

Att ha råd med något betyder inte alltid att det är ett bra val för dig. Och att välja bort något betyder inte att du är fattig – det betyder ofta att du är fri.

Fri att tänka långsiktigt. Fri att bygga något större. Fri att leva smartare.

När du vet vad du värdesätter – och när du använder dina pengar i linje med det – då känns ekonomi inte som ett hinder, utan som ett stöd.

FAKTA

- Studier visar att ekonomiskt välbefinnande inte främst handlar om inkomst – utan om hur väl vår konsumtion speglar våra personliga värderingar.

- Forskning inom beteendeekonomi visar att människor som fattar beslut i linje med sina långsiktiga mål minskar både impulsiva köp och ekonomisk ångest. Ekonomisk stress minskar således när vi i prioriterar medvetet.

- Att ha råd är subjektivt – och föränderligt. Det vi upplever som att "ha råd" förändras med ens livssituation, erfarenhet och inre trygghet – inte bara med inkomstnivå.

Källor: Journal of Happiness Studies, 2019
Behavioral Science & Policy, 2021
Financial Therapy Association, 2022

KAPITEL 8

GE DIG SJÄLV BERÖM

Bygg ditt självförtroende, ett litet steg i taget. Att ta kontroll över sin ekonomi handlar inte bara om att räkna rätt, välja billigast eller spara mest.

Det handlar också om att bygga upp en varm, uppmuntrande inre röst.

En röst som säger:
"Bra gjort!"
"Du tänkte till där."
"Det där valet tog dig ett steg närmare ditt mål."

Vi människor är ofta snabba att kritisera oss själva. Vi kan grubbla i timmar över en dålig affär, ett onödigt köp eller ett missat sparmål. Men hur ofta firar vi det som faktiskt går rätt?

Att du väljer att laga mat hemma istället för att beställa hem. Att du jämför försäkringar och faktiskt byter. Att du avstår en frestelse i butiken för att pengarna hellre ska gå till bufferten.
Det är små segrar. Och de förtjänar beröm.

Varje gång du fattar ett medvetet ekonomiskt beslut stärker du ditt ekonomiska självförtroende – och det är just de små, vardagliga valen som gör störst skillnad på sikt.

Det är lätt att tänka: "Äsch, det var bara 89 kronor" eller "Det spelar väl ingen roll att jag sa upp en prenumeration?" Men jo – det spelar roll. Det bygger en vana. Och vanor bygger framtiden.

Att ge sig själv beröm handlar inte om att skryta eller slå sig för bröstet. Det handlar om att känna igen sina framsteg och ge sig själv en klapp på axeln istället för en hård dom. Du förtjänar att känna dig duktig.
För du är duktig – varje gång du gör något som gynnar din framtid.

Tre sätt att ge dig själv beröm
Här är några enkla sätt att bygga en positiv vana kring att se dina framsteg:

- Börja dagen med en påminnelse. Säg tyst till dig själv: "Idag kommer jag fatta ett klokt beslut – och jag kommer att uppmärksamma det."

- Avsluta dagen med en segerlista. Skriv ner en sak du gjort för din ekonomi idag, oavsett hur små de känns. Exempel: "Sa nej till kaffe på stan." "Fick koll på elräkningen." "Funderade innan jag swishade."

- Belöna medvetna val på rätt sätt. Fira med något som stärker dig: en kopp te, en favoritbok, ett varmt bad – något som säger "jag tar hand om mig själv". Du skapar då en positiv spiral. Ditt beteende får ett inre "kvitto" – och det gör det lättare att fortsätta.

Så nästa gång du gör något klokt – stanna upp.

Lägg handen på hjärtat och säg tyst:
"Bra där. Jag är stolt över mig själv."
För det är du. Och det förtjänar du att känna.

Coachens ord:
Ekonomiskt självförtroende byggs inte av perfektion. Det byggs av att se sina egna framsteg – och tillåta sig att vara stolt över dem.

Jag ser så många som kämpar, som tar kloka beslut varje dag, men ändå säger:
"Jag borde göra mer."
"Det är ju inget särskilt."
"Jag är dålig på pengar."

Nej. Du är inte dålig. Du är på väg.

Och varje gång du berömmer dig själv – istället för att nedvärdera dig – så stärker du både ditt mod och din motivation.
Beröm dig själv. Du är värd det.

FAKTA

- Studier visar att personer som aktivt uppmärksammar sina ekonomiska framsteg har lägre upplevd stress och högre känsla av kontroll.
- Vår inre röst styr både våra känslor och handlingar. När vi talar snällt till oss själva ökar både motivation och uthållighet i beteendeförändringar.
- Beteendeforskning visar att små, upprepade vanor, särskilt när de förstärks positivt, är mycket mer hållbara än drastiska förändringar.

Källor: Journal of Financial Therapy, 2020
Positive Psychology Center, University of Pennsylvania
BJ Fogg, "Tiny Habits", 2019

PENGAR OCH KÄRLEK

Att leva med någon är fantastiskt. Att dela vardag, skratt, disk och framtidsdrömmar. Men att leva tillsammans innebär också att två ekonomier – ofta med olika bakgrund, synsätt och vanor – ska försöka samspela. Och det är inte alltid så enkelt som det låter.

En av er kanske är trygghetsspararen som vill ha kontroll, budget och buffert. Den andra kanske lever mer i nuet, älskar spontanitet och tycker pengar är till för att njutas av.

Ingen av er har fel – men om ni inte pratar om det, kan det bli en källa till slitningar.

Kanske har ni olika inkomster. Ska allt delas 50/50 – eller procentuellt?

Vad händer om en av er är föräldraledig, pluggar, eller blir sjuk? Ska ni spara ihop eller var för sig? Och vem har egentligen koll på försäkringar, abonnemang och gemensamma lån?

Det finns inget perfekt svar. Men det finns ett viktigt råd: prata. Öppet, ärligt, utan skuld eller skam.

Här är några vanliga fallgropar:

- Ingen pratar om pengar – för "det känns opassande"
- En tar allt ansvar – och känner sig ensam och trött.
- En tjänar mer – och tror sig därför ha mer att säga till om.
- Det som var "mitt och ditt" blir oklart när livet förändras.

Men det finns också verktyg:

- Transparens. Våga visa varandras konton, skulder och sparmål.
- Gemensam översikt. Skapa en budget tillsammans, så båda vet vad som gäller.
- Respekt. Olika värderingar är okej – men ni behöver hitta en gemensam väg.
- Förtroende. Det är inte pengarna i sig som bygger trygghet, utan tilliten till varandra.

Att vara ekonomiskt olika är inte ett problem i sig – det är bristen på kommunikation som skapar krockar.

Kanske behöver ni ha ett pengamöte en gång i månaden. Eller kanske räcker det att ni delar upp ansvar: en har koll på boendekostnader, den andra på mat och abonnemang. Poängen är inte hur ni gör – utan att ni gör det tillsammans.

När två ekonomier får samspela på riktigt, kan ni bygga något starkt. En trygg vardag, gemensamma drömmar, en plan B om livet förändras.

Och viktigast av allt – ni bygger det med respekt för varandra.

För kärlek och pengar är inte fiender. De är två språk ni lär er prata – tillsammans.

FAKTA

- Ekonomi är en vanlig orsak till gräl. Nästan var tredje svensk säger att pengar orsakat konflikter i relationer.
- Kvinnor tar ofta större ansvar för vardagsekonomin, men män har oftare ansvar för investeringar och lån.
- Gemensam syn på pengar ökar relationens hållbarhet. Par som pratar öppet om ekonomi upplever högre tillit och mindre stress i vardagen.

Källor: SEB Trygghetsrapporten, 2022
Sifo/Avanza, 2021
American Psychological Association, 2020

“BE PATIENT WITH YOURSELF.
GROWTH IS QUIET WORK.”

KAPITEL 10

TÅLAMOD BYGGER FRIHET

Små steg, stora resultat – över tid
Att ställa om sitt ekonomiska tänkande är inte något man gör på en helg.

Det är ingen checklista du river av, ingen snabb kurs med färdigt facit. Det är en resa. Ett långsamt, inre skifte som växer fram – steg för steg, dag för dag.

Att bygga ekonomisk frihet är som att odla en trädgård. Du sår. Vattnar. Väntar. Kanske ser du inte någon blomma på länge. Men under ytan händer något. Rötter tar form. Marken blir stark.

Och plötsligt en dag står där något vackert – som du själv byggt, med tålamod och omsorg.

Växandet sker inifrån – innan det syns. I början kanske inget känns annorlunda.

Bufferten växer med några hundralappar. Skulden är fortfarande stor, men du har betalat av det första lilla beloppet. Du kanske väljer bort impulsköp – men det känns knappt i plånboken än. Men det du gör är större än du anar: Du tränar på något som är ovärderligt – att ha tålamod med processen.

För förändring börjar inte med det du ser. Den börjar med hur du tänker. Hur du håller ut. Hur du håller fast – trots att det går långsamt.

Tålamodet som strategi

Vi människor älskar snabba resultat. Vi vill se siffror öka direkt. Känna skillnad nu. Men när det gäller ekonomi – och verklig förändring – är tålamodet inte bara en dygd. Det är en strategi.

Att fortsätta göra kloka val, även när det inte känns som att något händer, är en av de mest avgörande faktorerna för ekonomisk trygghet.

Du vänjer dig vid att:

- Tänka långsiktigt
- Säga nej till det som lockar i stunden
- Göra val som tjänar dig längre fram

Det här är psykologisk styrketräning. Varje gång du håller fast vid ditt mål trots att belöningen är långt bort, bygger du upp din förmåga att skapa trygghet. Du blir mer motståndskraftig. Mer stabil. Mer fri.

Snöbollseffekten – och livsstilen bakom

Rent ekonomiskt finns det en kraft som kallas ränta på ränta. Det betyder att dina pengar inte bara växer på det du sparar – utan också på den avkastning du redan fått.

Det är som en snöboll som rullar och blir större och starkare ju längre den får rulla.

Men den här effekten gäller inte bara pengar. Den gäller vanor också.
En liten vana – som att spara 100 kronor i månaden – kan skapa en identitet:
"Jag är en person som sparar."

Den identiteten formar i sin tur nya val. Och snart sparar du mer. Tänker mer långsiktigt. Står stadigare.

Så nästa gång det känns som om ingenting händer – stanna upp.

Lägg en hand på hjärtat och säg:
"Jag vattnar mitt ekonomiska trädgårdsland. Det kommer att blomma."
Det är tålamodet som bygger friheten.

Och du har det i dig.

Coachens ord:

Tålamod är den tysta superkraften i din ekonomiska resa.

Det är inte alltid glamoröst. Det märks inte alltid utåt. Men det är det som gör att du orkar hålla i, även när det går trögt.

Jag vet att det kan kännas frustrerande ibland. Att se andra som verkar komma längre, snabbare. Men din resa är din.

Och varje liten handling du upprepar med kärlek och uthållighet formar din framtid.

När det känns segt – tänk på trädgården. Du vattnar. Du vårdar. Du kanske inte ser det du bygger ännu.

Men det kommer.
Och när det väl blommar – då kommer du veta att du själv lade grunden.

FAKTA

- Forskning visar att personer med förmåga att skjuta upp belöningar har större sannolikhet att ha buffert, mindre skulder och högre ekonomisk trygghet.
- Ränta-på-ränta-effekten belönar tid och uthållighet. Ju tidigare du börjar spara eller investera, desto mer hinner pengarna växa – inte bara på insatt belopp, utan också på tidigare avkastning.
- Enligt beteendeforskare är det bättre att börja litet och upprepa ofta än att göra stora förändringar snabbt. Vanan väger tyngre än mängden.

Källor: Journal of Economic Psychology, 2016
Finansinspektionen & Konsumentverket, 2023
"Atomic Habits", James Clear, 2018

KAPITEL 11

REDO ATT VÄXA

Här börjar din resa på riktigt. Du har tagit dig igenom något stort.

Orden du läst har inte bara handlat om pengar – de har handlat om dig.
Ditt mod, din vilja att förstå, att förändra och att växa. Det betyder något. Och det är dags att stanna upp och känna det.

För nu är du inte längre där du började
Kanske märker du det inte fullt ut än.
Men något har rört sig.

En tanke. En insikt. Ett frö av självrespekt.
Du har reflekterat över vad pengar betyder för dig. Du har börjat se dina mönster, din bakgrund och dina styrkor. Du har fått nya verktyg, men också nya frågor. Och det är just där som den verkliga resan tar fart.

För det du nu håller i handen är mer än bara ett bokslut – det är en startpunkt. En inbjudan till att göra. Att växa genom handling.

Reflektionsfrågor: 10 frågor för att hitta din riktning. Innan du kliver in i 12-veckorsresan får du börja med något avgörande – att lyssna inåt. De tio reflektionsfrågorna som följer är utformade för att hjälpa dig sätta ord på det som är viktigt. Dina mål. Dina rädslor. Ditt varför. Du behöver inte ha perfekta svar. Det räcker att du är ärlig. Den här delen är som att ställa in kompassen innan du ger dig av.

Workbooken: sen väntar en strukturerad resa i tolv veckor – din personliga pengaguide med plats för reflektion, planering och konkreta steg framåt.

Det är ingen mall som passar alla. Det är en väg som växer fram med dig. Men först: vi stannar upp.

Varför tolv veckor?

För att förändring inte sker i ett svep. För att små steg, vecka för vecka, hjälper dig att bygga hållbara vanor. För att du förtjänar struktur, pepp och en känsla av riktning.

Du kommer att få:

- Ett nytt fokus varje vecka
- Uppgifter att göra – små, genomförbara steg
- Reflektioner som fördjupar din förståelse
- Och plats att följa din egen utveckling

Det här är inte en tävling. Det är inte prestation. Det är tillväxt.

Nu är du redo att växa.

Coachens ord:

Att du är här betyder att du är redo. Inte för att du har alla svar. Inte för att allt känns lätt. Utan för att du har valt att fortsätta. Det är det modigaste en människa kan göra:

- Att inte ge upp.
- Att växa – trots att man är mitt i vardagen, tvivlet, stressen.

Så ta ett djupt andetag. Lägg handen på boken, på hjärtat, på framtiden.
Och säg: Nu börjar jag skapa det liv jag vill leva. Ett steg i taget.

FÖRFATTARENS TACK

Du är här nu. Du har tagit dig igenom kapitel för kapitel, låtit tankarna landa och kanske redan börjat märka en förändring. Det är stort.

Jag vill tacka dig – för att du investerat tid i dig själv och din framtid. Det är inte alltid lätt att möta sina pengar, sin bakgrund eller sina vanor. Men du har gjort det. Det är modigt.

Mitt hopp är att du efter den här boken bär med dig ett nytt sätt att se på ekonomi – inte som något du måste klara av perfekt, utan som något du har rätt att göra på ditt sätt. Med självrespekt, med kunskap och med tålamod.

Vill du fortsätta utvecklas och inspireras?

Då hittar du mig på Instagram @pengaprinsessan, där jag delar tips, tankar och pepp för din vardagsekonomi. Där fortsätter samtalet.

Tack för att du låtit mig få vara en del av din resa. Jag hoppas du känner dig lite starkare nu – för det är du.

Med värme,
Stella Nord

FRÅN TANKE TILL HANDLING

REFLEKTIONSFRÅGA 1

Hur känner jag mig när jag tänker på min privatekonomi just nu - trygg, osäker, stressad? Varför?

Varför är den här frågan viktig?
Att sätta ord på dina känslor kring pengar är första steget mot att förstå vad som styr dina val. Ekonomiskt självförtroende börjar med att våga möta sin verklighet – utan att döma sig själv.

REFLEKTIONSFRÅGA 2

Vilken roll har pengar spelat i min uppväxt – och hur påverkar det hur jag ser på pengar idag?

Varför är den här frågan viktig?
Din relation till pengar formas tidigt. Genom att identifiera gamla mönster kan du börja välja själv – vad du vill ta med dig och vad du vill släppa.

REFLEKTIONSFRÅGA 3

Vad är det första jag brukar tänka när jag får lön eller pengar in på kontot?

Varför är den här frågan viktig?
Dina första tankar avslöjar mycket om ditt undermedvetna förhållningssätt till pengar. Att bli medveten om dem gör det lättare att förändra beteenden du vill justera.

REFLEKTIONSFRÅGA 4

Har jag några ekonomiska utmaningar jag ofta skjuter upp eller undviker? Vad händer när jag gör det?

Varför är den här frågan viktig?
Undvikande kan skapa mer stress än själva problemet. Genom att identifiera vad du skjuter upp – och varför – får du möjlighet att möta det med nya strategier.

REFLEKTIONSFRÅGA 5

Vilka ekonomiska val är jag stolt över att ha gjort det senaste året?

Varför är den här frågan viktig?
Att uppmärksamma det som redan fungerar stärker din självkänsla. Ekonomiskt självförtroende växer när du ser att du redan gör saker som gynnar dig.

REFLEKTIONSFRÅGA 6

När i vardagen känner jag mig mest smart när det gäller pengar? Vad gör jag då?

Varför är den här frågan viktig?
Självförtroende byggs genom att utgå från dina styrkor. Den här frågan hjälper dig att hitta och förstärka det du redan gör bra.

....

....

....

....

....

....

....

....

REFLEKTIONSFRÅGA 7

Vad skulle jag vilja känna mer av i min ekonomi – frihet, kontroll, lugn, kunskap, något annat?

Varför är den här frågan viktig?
Att definiera vad du längtar efter hjälper dig sätta en riktning. Ekonomiskt självförtroende handlar inte bara om siffror – det handlar om känslan du vill ha i ditt liv.

REFLEKTIONSFRÅGA 8

Vilka vardagsvanor hjälper eller stjälper min ekonomi just nu?

Varför är den här frågan viktig?
Små vanor blir stora resultat över tid. Att kartlägga vad som fungerar – och vad som inte gör det – är nyckeln till förändring som håller i längden.

REFLEKTIONSFRÅGA 9

Vad tänker jag om min förmåga att ta ekonomiska beslut – litar jag på mig själv?

Varför är den här frågan viktig?
Din inre dialog påverkar dina yttre val. Att reflektera över tilliten till dig själv är avgörande för att kunna växa i ditt självförtroende.

REFLEKTIONSFRÅGA 10

Om mitt ekonomiska självförtroende var ett batteri – hur laddat känns det idag, på en skala 1–10? Vad skulle ladda det mer?

Varför är den här frågan viktig?
Att visualisera ditt självförtroende som något som kan laddas hjälper dig tänka konstruktivt. Du behöver inte vara "färdig" – du behöver bara veta hur du kan fylla på.

NULÄGESANALYS

Fundera över varje påstående och ranka hur mycket det stämmer in på dig just nu, där 1 = stämmer inte alls och 5 = stämmer helt

01

Jag känner att jag har kontroll över min vardag och mina rutiner.
→ Jag vet ungefär vad som händer i min dag och upplever inte att allt sker på autopilot eller i kaos.

1 2 3 4 5

02

Jag vågar ta små steg framåt även när jag inte har hela planen klar.
→ Jag känner att jag inte måste vara perfekt eller ha alla svar innan jag börjar.

1 2 3 4 5

NULÄGESANALYS

Fundera över varje påstående och ranka hur mycket det stämmer in på dig just nu, där 1 = stämmer inte alls och 5 = stämmer helt

03

Jag kan hantera när något inte går som jag tänkt mig.
→ Jag blir inte lika hård mot mig själv, utan försöker se det som lärande snarare än misslyckande.

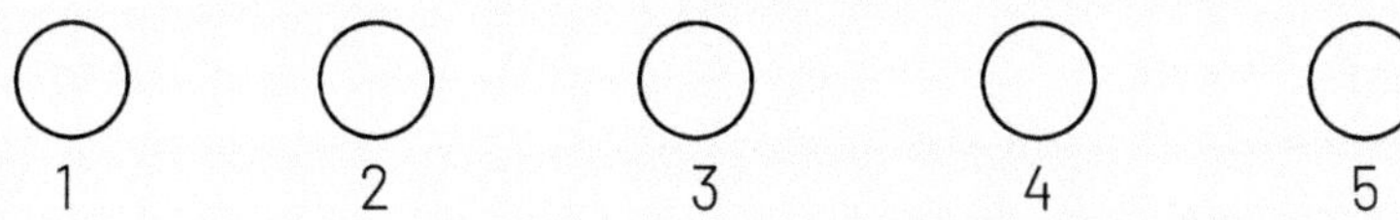

04

Jag ser mig själv som en person som kan förändras och utvecklas.
→ Jag tror att jag kan lära mig nya saker – även om det känns svårt i början.

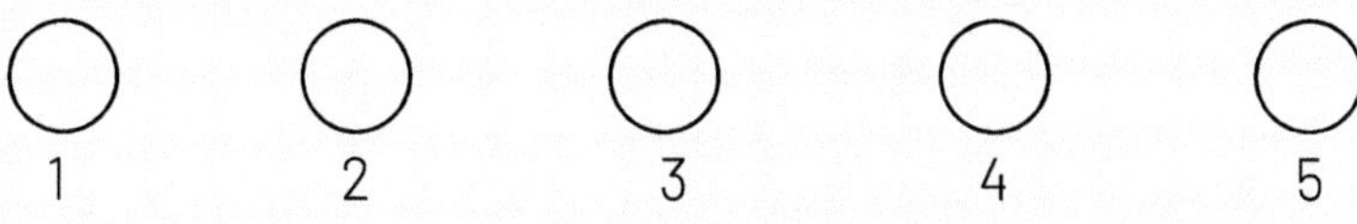

NULÄGESANALYS

Fundera över varje påstående och ranka hur mycket det stämmer in på dig just nu, där 1 = stämmer inte alls och 5 = stämmer helt

05

Jag påverkas mindre än förr av vad andra tycker eller gör.
→ Jag jämför mig inte lika mycket och kan stå tryggare i mina egna beslut och prioriteringar.

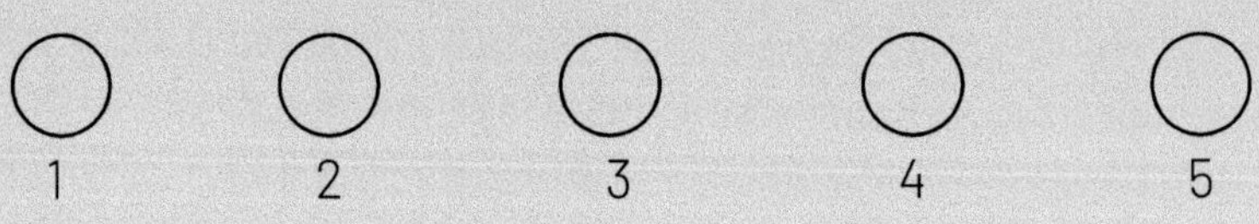

06

Jag tar ansvar för det jag kan påverka och släpper det jag inte kan styra.
→ Jag ägnar inte lika mycket tid åt att älta eller känna skuld för sånt som ligger utanför min kontroll.

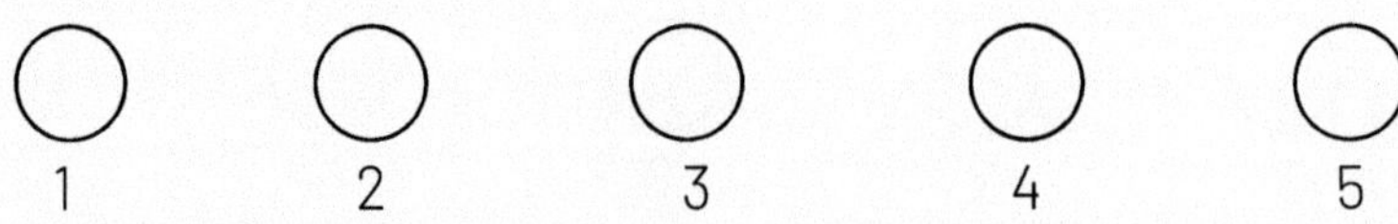

NULÄGESANALYS

Fundera över varje påstående och ranka hur mycket det stämmer in på dig just nu, där 1 = stämmer inte alls och 5 = stämmer helt

07

Jag har börjat skapa vanor som stöttar det liv jag vill ha.
→ Det kan handla om tid, pengar, mat, rörelse eller mentalt fokus – jag har börjat i liten skala.

○ 1 ○ 2 ○ 3 ○ 4 ○ 5

08

Jag känner mig mer nyfiken än rädd inför förändring.
→ Även om jag är osäker ibland så drivs jag mer av vilja än av oro.

○ 1 ○ 2 ○ 3 ○ 4 ○ 5

INTRODUKTION WORKBOOK

Nu när du har reflekterat över din ekonomiska situation och fått en tydligare bild av ditt ekonomiska självförtroende, är du redo att ta nästa steg.

Nästa kapitel är utformat som en 12-veckors workbook där du får konkreta övningar, pepp och verktyg för att steg för steg stärka ditt ekonomiska självförtroende – vecka för vecka.

VECKA
ETT

MÅL OCH MOTIVATION

Välkommen till din första vecka!
Att sätta tydliga mål och hitta din motivation är nyckeln till att bygga ditt ekonomiska självförtroende. När du vet vad du vill och varför, blir det lättare att hålla kursen och ta steg framåt.

Din uppgift denna vecka:
Skriv ner dina viktigaste ekonomiska mål – stora som små. Det kan handla om allt från att börja spara, våga investera, eller bli tryggare i vardagsekonomin. Varför är dessa mål viktiga för dig? Fundera på vad som driver dig och skriv ner det.

Mina mål:

....

....

....

Min motivation:

....

....

....

Pepp för veckan:
Det är inte så viktigt hur snabbt du går, utan att du inte stannar.

Kom ihåg, små steg framåt är också framsteg. Du är på rätt väg!

Reflektera:
Vilka hinder kan dyka upp på vägen? Hur kan du förbereda dig för att hantera dem?

....

....

....

Bonusövning:
Skriv en peppande affirmation till dig själv som du kan läsa när motivationen tryter. Exempel: ”Jag tar kontroll över min ekonomi, steg för steg.”

....

....

....

VECKA TVÅ

VANOR & MINDSET

Välkommen till vecka två!
Ekonomiskt självförtroende handlar mycket om dina vanor och hur du tänker kring pengar. I den här veckan får du verktyg för att upptäcka dina styrkor och utmana tankar som kan hålla dig tillbaka.

Din uppgift denna vecka:
Vilka vanor kring pengar vill du förändra eller förbättra? Skriv ner både vanor du vill sluta med och nya vanor du vill skapa. Vilka tankar eller känslor kring pengar vill du jobba med? Fundera över om du har några negativa tankemönster som påverkar dig.

Vanor jag vill förändra:

....

....

....

Nya vanor jag vill skapa:

....

....

....

Pepp för veckan:
Dina vanor formar ditt liv. Ändra dina vanor och du förändrar ditt liv.

Var snäll mot dig själv, och fira varje litet framsteg.

Reflektera:
Vilka situationer triggar dina gamla vanor? Hur kan du göra för att bryta mönstret?

....

....

....

Bonusövning:
Skriv ner tankar och känslor som du vill jobba med

....

....

....

VECKA
TRE

BUDGET & PRIORITERINGAR

Välkommen till vecka tre!
Att ha koll på din budget och dina prioriteringar ger dig kontroll och trygghet i ekonomin. Den här veckan får du reflektera kring vad som är viktigast för dig och hur du vill använda dina pengar.

Din uppgift denna vecka:
Vilka utgiftsposter vill du prioritera mest? Skriv ner de tre viktigaste sakerna för dig just nu. Vad kan du tänka dig att minska på eller lägga mindre fokus på? Fundera på vad som känns mindre viktigt.

Mina prioriteringar:

....

....

....

Minskningar/ändringar jag vill göra:

....

....

....

Pepp för veckan:

Det handlar inte om att ha mer pengar, utan om att göra medvetna val med det du har.

Små förändringar i dag bygger starka vanor för framtiden. Ge dig själv tid och tålamod.

Reflektera:

- Hur ser din nuvarande budget ut? Finns det poster som överraskar dig?
- Finns det utgifter som känns ”onödiga” eller kan minskas?
- Vad kan du göra för att spara mer utan att tappa livskvalitet?

....

....

....

....

....

....

VECKA FYRA

SPARANDE & MÅL

Välkommen till vecka fyra!
Den här veckan fokuserar vi på sparande och hur du kan sätta tydliga, motiverande sparmål som gör det enklare att hålla fokus.

Din uppgift denna vecka:
Vilka sparmål vill du prioritera just nu? Skriv ner de tre viktigaste målen du vill jobba mot. Hur mycket kan du avsätta varje månad för att nå dina mål? Fundera på en realistisk summa.

Mina sparmål:

....

....

....

Mitt månadssparande:

....

....

....

Pepp för veckan:
Att spara är inte att avstå från livet, det är att skapa frihet för framtiden.

Var stolt över varje krona du lägger undan, oavsett storlek.

Reflektera:

- Hur ser ditt nuvarande sparande ut? Är det automatiskt eller manuellt?
- Finns det sätt att göra sparandet enklare och roligare?
- Vad kan du belöna dig själv med när du når ett sparmål?

....

....

....

....

....

....

VECKA
FEM

SKULDER & LÅN

Välkommen till vecka fem!
Att ha koll på och ta kontroll över dina skulder är ett viktigt steg för att stärka ditt ekonomiska självförtroende. Den här veckan fokuserar vi på hur du kan förstå, prioritera och minska dina skulder.

Din uppgift denna vecka:
Vilka skulder har du idag? Lista dem och skriv ned räntor och belopp.
Hur vill du prioritera dina skulder framöver? Fundera på vilka som bör betalas av först och varför.

Mina skulder:

....

....

....

Min plan för att minska dem:

....

....

....

Pepp för veckan:
Att ta itu med skulder är ett modigt steg mot frihet och trygghet.

Var stolt över att du vågar se verkligheten och göra en plan.

Reflektera:

- Finns det skulder du kan förhandla om ränta eller villkor på?
- Hur kan du frigöra mer pengar för att betala av skulder snabbare?
- Vilka känslor väcker dina skulder, och hur kan du hantera dem?

....

....

....

....

....

....

VECKA
SEX

BUFFERT & TRYGGHET

Välkommen till vecka sex!
En buffert är din ekonomiska trygghetszon. Den hjälper dig hantera oväntade kostnader utan stress. Den här veckan jobbar vi med att skapa en buffert som passar din vardag.

Din uppgift denna vecka:
Hur stor buffert skulle göra dig trygg? Skriv ner ett realistiskt buffertmål.
Hur kan du börja bygga din buffert steg för steg? Fundera på små och hållbara sätt att spara.

Mina buffertmål:

....

....

....

Min plan för att bygga bufferten:

....

....

....

Pepp för veckan:
En buffert ger dig lugn i sinnet och frihet att välja.

Små steg idag skapar trygghet för imorgon.

Reflektera:

- Vilka oväntade utgifter har du haft tidigare?
- Hur kan du göra sparandet till en naturlig del av din vardag?
- Vad kan du göra för att undvika att använda bufferten i onödan?

....

....

....

....

....

....

VECKA SJU

OFÖRUTSEDDA UTGIFTER

Oförutsedda utgifter kan komma när som helst – en trasig tvättmaskin, en bilreparation eller en oväntad räkning. Den här veckan fokuserar vi på hur du kan planera för dessa situationer och minska stressen de kan skapa.

Din uppgift denna vecka:
Vilka typer av oväntade kostnader har du varit med om? Lista några exempel. Hur kan du planera och spara för att hantera dessa bättre? Skriv ner dina idéer och strategier.

Mina oväntade kostnader:

....

....

....

Min plan för att hantera oväntade utgifter:

....

....

....

Pepp för veckan:
Att förbereda sig för det oväntade ger dig kraft och trygghet.

Med en plan och lugn i kroppen kan du möta det oväntade.

Reflektera:

- Hur brukar du känna och göra när något oväntat dyker upp i ekonomin?
- Finns det saker du kan göra för att undvika onödiga oväntade kostnader?
- Vad kan du göra för att snabbt hitta lösningar när något oväntat händer?

....

....

....

....

....

....

VECKA ÅTTA

KONSUMTIONSVANOR

Välkommen till vecka 8!
Hur och varför vi handlar påverkar både plånbok och självförtroende. Den här veckan får du reflektera över dina konsumtionsvanor och hur du kan göra mer medvetna val som stärker din ekonomi.

Din uppgift denna vecka:
Vilka köp gör du oftast impulsivt? Skriv ner vanor eller situationer när det är svårt att säga nej.
Hur kan du göra dina köp mer genomtänkta?
Fundera på strategier för att minska impulsköp och öka medvetenheten.

Mina impulsköp:

....

....

....

Min plan för att köpa smartare:

....

....

....

Pepp för veckan:
Varje medvetet köp är en investering i ditt ekonomiska självförtroende.

Att ta kontroll över dina köp ger dig mer makt över din ekonomi.

Reflektera:

- Vilka känslor eller situationer triggar dina impulsköp?
- Kan du skapa en regel för att pausa innan du handlar?
- Hur kan du fira när du lyckas stå emot ett onödigt köp?

....

....

....

....

....

....

VECKA NIO

HITTA PENGAR I VARDAGEN

Ibland kan du hitta pengar i vardagen genom smarta val, rensa hemma, använda hobbies eller planera maten bättre. Den här veckan fokuserar vi på att hitta enkla sätt att få in extra pengar eller spara, utan att stressa.

Din uppgift denna vecka:
Vilka saker kan du rensa ut och sälja? Skriv ner idéer på saker du inte längre använder.
Hur kan du spara pengar genom matplanering eller göra saker själv? Fundera på vanor eller hobbies som kan ge lite extra.

Mina saker att sälja eller rensa ut:

....

....

....

Mina idéer för extra pengar eller sparande:

....

....

....

Pepp för veckan:
Små förändringar i vardagen kan göra stor skillnad för plånboken.

Var kreativ och använd det du redan har.

Reflektera:

- Vad kan du göra själv istället för att köpa?
- Hur kan du använda matplanering för att spara pengar?
- Hur kan du göra rensning och försäljning till en rolig vana?

....

....

....

....

....

....

VECKA TIO

ATT SÄTTA GRÄNSER

Att kunna säga nej till onödiga utgifter är en viktig del av att stärka ditt ekonomiska självförtroende. Den här veckan fokuserar vi på att sätta gränser, både för dig själv och i sociala situationer, för att behålla kontrollen över din ekonomi.

Din uppgift denna vecka:
När har du svårt att säga nej till köp eller utgifter? Skriv ner situationer eller känslor.
Hur kan du träna på att sätta gränser för dina pengar? Fundera på strategier som passar dig.

Mina utmanande situationer:

....

....

....

Min plan för att säga nej och sätta gränser:

....

....

....

Pepp för veckan:
Att säga nej är en styrka som ger dig kontroll över din ekonomi.

Med tydliga gränser växer ditt självförtroende och din frihet.

Reflektera:

- Vilka känslor uppstår när du säger nej till något?
- Hur kan du göra det lättare för dig själv att stå emot impulser?
- Vad kan du säga istället för ja för att känna dig trygg med dina val?

....

....

....

....

....

....

VECKA ELVA

SJÄLVKÄNSLA OCH PENGAR

Välkommen till vecka elva!
Ditt ekonomiska självförtroende hänger ihop med din självkänsla. Den här veckan handlar om att våga känna att du är värd ekonomisk trygghet, oavsett bakgrund eller tidigare misstag.

Din uppgift denna vecka:
Hur har din självkänsla påverkat dina pengar – och tvärtom? Reflektera över kopplingen mellan hur du ser på dig själv och hur du hanterar pengar. Vad behöver du börja tro om dig själv för att ta plats i din ekonomi? Skriv fritt – du behöver inte ha alla svar, bara börja öppna dörren.

Min reflektion om självkänsla och pengar:

....

....

....

Detta vill jag börja tro om mig själv:

....

....

....

Pepp för veckan:
Du behöver inte vara perfekt för att ha kontroll på din ekonomi – du behöver bara börja tro att du kan.

Självkänsla växer med varje litet steg du tar.

Reflektera:

- Hur pratar du med dig själv när du gör ett ekonomiskt misstag?
- Vad skulle du säga till en vän i samma situation?
- Hur kan du börja visa mer vänlighet mot dig själv i pengafrågor?

....

....

....

....

....

....

VECKA TOLV

FIRA DIN RESA OCH BLICKA FRAMÅT

Du har tagit dig igenom tolv veckor av reflektion, planering, förändring och nya insikter. Det är dags att stanna upp, fira allt du åstadkommit – och skapa en vision för vad som kommer härnäst.

Din uppgift denna vecka:
Vad är du mest stolt över från de här veckorna? Stort som smått – allt räknas. Hur vill du fortsätta bygga ditt ekonomiska självförtroende? Sätt en riktning för de kommande tre månaderna.

Det här är jag stolt över:

....

....

....

Min plan för de kommande tre månaderna:

....

....

....

Pepp för veckan:

Ekonomiskt självförtroende är ingen slutdestination – det är något du bygger, vecka för vecka..

Du har redan börjat. Fortsätt, i din takt, med vänlighet och mod.

Reflektera:

- Vad har förändrats i hur du tänker kring pengar?
- Vilken vana vill du hålla fast vid?
- Hur kan du fortsätta peppa dig själv i vardagen?

....

....

....

....

....

....

....

....

DU ÄR I
MÅL

DIN RESA MOT EKONOMISKT SJÄLVFÖRTROENDE HAR BÖRJAT

Du har reflekterat, övat, utmanat dig själv och tagit små (eller stora!) steg under tolv veckor. Den här workbooken är kanske slut – men din inre resa har bara börjat. Ge dig själv en stund att stanna upp, känna in, och landa i hur långt du faktiskt har kommit. Vi avslutar med en några reflektioner till:

Hur ser mitt ekonomiska självförtroende ut idag – jämfört med för tolv veckor sedan?

....

....

....

Vilken insikt eller vana vill jag bära med mig länge?

....

....

....

Om jag skulle ge mig själv ett råd framåt, vad skulle det vara?

....

....

....

Vad vill jag lära mig mer om, eller fördjupa, inom ekonomi nu när jag kommit igång?

....

....

....

Avslutningspepp:
Du är värd ekonomisk trygghet. Du har redan börjat skapa den – fortsätt i din egen takt.

Tack för att du investerat tid, hjärta och mod i dig själv. Men framför allt: tack för att du vågat tro på att förändring är möjlig. ✨

PENGAPEPP FÖR VARDAGEN

DIN EKONOMI BEHÖVER INTE VARA PERFEKT. DEN BEHÖVER BARA VARA DIN.